Pascal Tuppi

Social Commerce

Trend oder Modeerscheinung?

GRIN Verlag

Bibliografische Information der Deutschen Nationalbibliothek:

Die Deutsche Bibliothek verzeichnet diese Publikation in der Deutschen National-
bibliografie; detaillierte bibliografische Daten sind im Internet über http://dnb.d-
nb.de/ abrufbar.

Impressum:

Copyright © 2008 GRIN Verlag GmbH
Druck und Bindung: Books on Demand GmbH, Norderstedt Germany
ISBN: 978-3-640-36335-3

Dieses Buch bei GRIN:

http://www.grin.com/de/e-book/130696/social-commerce

GRIN - Your knowledge has value

Der GRIN Verlag publiziert seit 1998 wissenschaftliche Arbeiten von Studenten, Hochschullehrern und anderen Akademikern als eBook und gedrucktes Buch. Die Verlagswebsite www.grin.com ist die ideale Plattform zur Veröffentlichung von Hausarbeiten, Abschlussarbeiten, wissenschaftlichen Aufsätzen, Dissertationen und Fachbüchern.

Besuchen Sie uns im Internet:

http://www.grin.com/

http://www.facebook.com/grincom

http://www.twitter.com/grin_com

Social Commerce-

Trend oder Modeerscheinung?

Seminararbeit

von

Pascal Tuppi

Frankfurt am Main, November 2008

Inhaltsverzeichnis Seite

Abbildungsverzeichnis

Abkürzungsverzeichnis:

B2B	Business-to-Business
B2C	Business-to-Customer
C2C	Customer-to-Customer
SC	Social Commerce
UGC	User-generated-content
WWW	World Wide Web

1. Einleitung

Ein Thema des Internets, dem bislang wenig öffentliches Interesse zugesprochen wurde, ist der Social Commerce (SC). SC entstand aus einer Reihe von Neuerungen, die das World Wide Web in seiner Entstehungsgeschichte erfahren hat. Diese Neuerungen verbunden mit diversen technischen Vorrausetzungen machten es möglich den gewöhnlichen e-Commerce zum heutigen SC zu transformieren. Der Bereich ist zudem von erheblichen Wachstumspotentialen geprägt, die maßgeblich durch die zu grundlegenden Konzepte des SC hervorgerufen werden.

Diese Arbeit untersucht diese Phänomen unter der Fragestellung, ob SC ein Trend oder doch nur eine Modeerscheinung ist. Dabei wird die schwierige Abgrenzungsfrage geklärt, Konzepte, die sich hinter SC verbergen erläutert und an hand von Beispielen verdeutlicht.

Weiterhin wird eine Kategorisierung der im Internet vorhandenen Plattformen vorgenommen und mit Beispielen unterlegt. Da eine Abgrenzung nicht immer leicht möglich ist, sind hier Überschneidungen möglich.

Als letzten Punkt wird auf die Verwendung von SC im Finanzbereich eingegangen. Hier wird die Arbeit zeigen, dass eine Vielzahl an erfolgreichen und erfolgversprechenden Unternehmen gibt, die die Konzepte des SC umsetzen.

2. Wandel des World Wide Web

Seit der Entstehung des Internets unterliegt es einem ständigen Wandel. Das World Wide Web (www) wandelte sich von seiner frühen Form zum Web 2.0, indem der Nutzer eine stärkere Einbindung in jeweilige Aktivitäten erfuhr, ja sogar selbst verantwortlich für die Gestaltung des Netzes wurde. In einem ähnlichen Maße wie sich das www zum Web 2.0 wandelt, hat auch der e-Commerce eine Wandlung hin zum Social Commerce vollzogen[1].

Beim e-Commerce geht es eher um die reine Transaktionsabwicklung und die Techniken, die mit ihr in Verbindung stehen. Beim SC hingegen geht es um die aktive und persönliche Kommunikation des Kunden, Händlers und Produzenten. Jede Partei erhält Informationen über Preise und Qualität der Produkte und gibt gleichzeitig ein Feedback zurück. So entsteht ein effektiver Informationsaustausch, der im Regelfall Preise transparenter werden und die Qualität der Produkte steigen lässt[2].

Gleichzeitig verschwimmen mit Hilfe der aktiven Kommunikation und Einbindung des Kunden die Grenzen zwischen B2B, C2C und B2C. Der Kunde wird auf eine Art gleichberechtigte Ebene mit den Produzenten gestellt, da er maßgeblich an dem Wertschöpfungsprozess beteiligt ist[3].

Wie wird der Social Commerce eigentlich sozial? Ebay und amazon waren auf diesem Gebiet die Vorreiter, indem sie mit Hilfe von Empfehlungs- und Bewertungssystemen den Kunden stärker mit einbezogen. Diese Plattformen verhalfen den Nutzern zu mehr Transparenz und Persönlichkeit des Internets. Vorraussetzungen für eine solche Entwicklung waren sinkende Verbindungskosten für Nutzer und Betreiber, technische Neuerungen um den aktiven Part des Kunden zu fördern, neue Anwendungssysteme, soziale Netzwerke und neue Geschäftsmodelle[4].

---

[1] Vgl. Richter, A./Koch, M./Kirsch, M. (2007), S. 3f.
[2] Vgl. Nitsche, M. (2007), S. 691.
[3] Vgl. Nitsche, M. (2007), S.692.
[4] Vgl. Richter, A./Koch, M./Kirsch, M. (2007), S. 3f.

In diesem Zusammenhang tauchen auch Begriffe wie Prosumer und User-generated-content (UGC) auf. Prosumer leitet sich vom Wort Consumer ab und stellt die aktive Variante des Konsumenten dar. Dieser ist nun nicht mehr passiv auf das eigentliche Konsumieren der Produkte beschränkt, sondern greift aktiv in den Wertschöpfungsprozess mit ein und trägt somit zum Wertschöpfungsgewinn bei[5].

Der UGC beschreibt dieses Phänomen im Internet. So hat der Prosumer auf verschiedenen Portalen (s. Kapitel 4.2) die Möglichkeit an der Gestaltung der Produkte mitzuwirken oder gar eigene Produkte zu erstellen. Dieser UGC ist für Unternehmen von entscheidender Bedeutung, denn es spart einerseits Entwicklungskosten und andererseits erhält es Bedürfnisinformationen der Kunden, die ansonsten im Verborgenen geblieben wären (ausführlichere Betrachtungen der Sachverhalte in Kapitel 3.5)[6].

Es gibt keine allgemeingültige Definition des Begriffs SC, daher wird in dieser Arbeit die etwas breitere Definition von Richter, Koch und Kirsch verwand, die SC wie folgt definieren:

„Der Social Commerce stellt die zwischenmenschlichen Beziehungen und Interaktionen (den Austausch von Bewertungen, Produktinformationen und Feedback) in den Vordergrund, die vor, während und nach geschäftlichen Transaktionen eine Rolle spielen und setzt damit dem Electronic Commerce eine zusätzliche kooperations- und kommunikationsorientierte Ebene auf.[7]"

Doch warum beschäftigen wir uns überhaupt mit SC? Diese Frage lässt sich gut mit Hilfe von Statistiken und Umsatzzahlen der „Branche" beantworten. Im e-Commerce stieg der Umsatz von 2007 um 12 % auf EUR 18,3 Mrd[8]. Nach der Marktforschungsstudie IPSOS schätzen 23% der deutschen Nutzer Webblogs, 28% Kommentare auf Verbrauchertests und Vergleichskommentare als vertrauenswürdig ein. Dies spiegelt sich auch im Kaufverhalten wider. 30% der Internetnutzer haben schon einmal ein Produkt nicht gekauft, weil es eine negative Empfehlung hatte und 56% kaufen nach positiven Leserkommentaren. Weiterhin bleibt viel Potential für die Zukunft. Zum Beispiel nutzen

---

[5] Vgl. Himpls, K. (2008), S. 1f.
[6] Vgl. Kirsch, J./Haderlein, A. (2007), S.24.
[7] Vgl. Richter, A./Koch, M./Kirsch, M. (2007), S. 8.
[8] Vgl. Groth, A. (2007), S.1.

3

nur 8% der deutschen Internetnutzer Webblogs, der europaweite Durchschnitt liegt bei 15% und in Frankreich sogar bei 25%[9].

[9] Vgl. PWC (Hrsg.) (2007), S. 3f.

3. Konzepte rund um Social Commerce

Im folgenden Teil werden verschiedene Konzepte vorgestellt, die SC ermöglichen bzw. Theorien, die die Phänomene des SC versuchen zu erklären. Die Übersicht der Konzepte erhebt keineswegs den Anspruch auf absolute Vollständigkeit, sondern soll vielmehr die bedeuteten Theorien hervorheben und kurz erläutern.

3.1 Crowdsourcing

Eines der wichtigsten Konzepte im Zusammenhang mit SC ist das Crowdsourcing. Der Begriff tauchte zum ersten Mal im Jahr 2006 auf[10]. Unter Crowdsourcing versteht man:

„Crowdsourcing ist eine interaktive Form der Leistungserbringung, die kollaborativ oder wettbewerbsorientiert organisiert ist und eine große Anzahl extrinsisch oder intrinsisch motivierter Akteure unterschiedlichen Wissensstands unter Verwendung moderner IuK-Systeme auf Basis von Web 2.0 einbezieht. Leistungsobjekt sind Produkte oder Dienstleistungen unterschiedlichen Innovationsgrades, welche durch das Netzwerk der Partizipierenden reaktiv aufgrund externer Anstöße oder proaktiv durch selbsttätiges Identifizieren von Bedarfslücken bzw. Opportunitäten entwickelt werden."[11]

Der Begriff erinnert sehr stark an das Outsourcing. Der große Unterschied der beiden Konzepte besteht jedoch darin, dass das Crowdsourcing als eine Art Weiterentwicklung zum Outsourcing gesehen werden kann. Im Gegensatz zum Outsourcing läuft die Geschäftsbeziehung beim Crowdsourcing selbst nach Ablauf des Projektes weiter. Große Anwendung findet das Konzept des Crowdsourcings in der Open Source Community wie z.B. Dienstleistungen für die Software Linux. Weiterhin gibt es auch einige Plattformen im Internet, die sich dieses Konzept zu Nutze machen u.a. istockphoto.com, innocentive.com und cambrianhouse.com[12].

---

[10] Vgl. Howe, J. (2006).
[11] Vgl. Martin, N./Lessmann, S./Voß,S. (2007), S. 6.
[12] Vgl. Martin, N./Lessmann, S./Voß,S. (2007), S. 3f.

5

3.2 Social Navigation

Auf Grund des „Informationsoverloads" im Internet war es notwendig Techniken zu entwickeln, um sich besser orientieren zu können und einen Überklick zu erhalten. Hierzu wurden Kaufempfehlungen und Kommentare anderer Kunden bzw. Nutzer eingeführt. Sich am Verhalten andere Nutzer im Netz zu orientieren bezeichnet man als Social Navigation[13].

Einhergehend mit Social Navigation sind die Collaborative Filtering Systeme. Diese ermöglichen das Finden relevanter Informationen in großen Datenmengen. Dafür werden Ähnlichkeitsprofile errechnet und mit denen anderer Benutzer abgeglichen[14]. Probleme bei Collaborative Filtering Systemen sind: Sparsity (nicht alle Items werden bewertet) und das First-Rater Problem (Items müssen von mind. einem Nutzer bewertet werden)[15]. Eng verwandt mit Collbaorative Filtering Systemen ist das sog. Social Tagging, bei dem User einem bestimmten Objekt Schlagworte zuordnen und diese mit anderen Nutzern teilen[16].

3.3 Long Tail

Chris Anderson, Chefredakteur des *Wired Magazins*, beschreibt the Theory of Long Tail so:

"The theory of the Long Tail is that our culture and economy is increasingly shifting away from a focus on a relatively small number of "hits" (mainstream products and markets) at the head of the demandcurve and toward a huge number of niches in the tail[17]."

Dies beschreibt, dass neben einem großen Markt mit einer großen Menge an Käufern auch ein relativ großes Sortiment an Produkten mit einer kleinen Menge an Käufern existiert, der sog. „lange Schwanz". Abbildung 1 verdeutlicht das Konzept:

---

13 Vgl. Dieberger, A. et al. (2000), S. 36f.
14 Vgl. Resnick, P.et al. (1994), S.175.
15 Vgl. Altmeyer, M. (2004), S. 16f.
16 Vgl. Richter, A. /Koch, M. (2007), S. 23.
17 Vgl. Anderson, C. (2007).

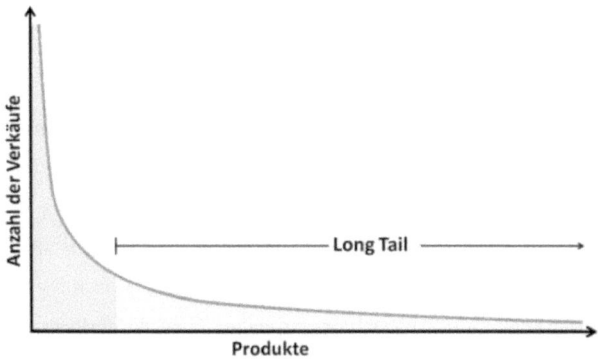

Vgl. Richter, A./Koch, M./Kirsch, M. (2007), S.15.

Abbildung 1: The Long Tail

Um einen solchen Nischenmarkt jedoch bedienen zu können, müssen die Konzepte bzw. die Idee des SC aufgegriffen werden. Einerseits müssen Transaktionskosten niedrig gehalten werden und andererseits, wie beim SC üblich, der Kunde in den Konfigurations- und Produktionsprozess mit einbezogen werden[18]. Ein gutes Beispiel für die Integration des Long Tail Konzepte stellt der T-Shirt-Versand spreadshits.com dar.

3.4 Implizites Wissen

Als Einleitung für die Sticky Information Theory sollen nun kurz die verschiedenen Eigenschaften von Wissen erläutert werden. Der Grad der Kodifizierung von Wissen ist vom elementaren Bestandteil für das Austauschen von Wissen. So ist zum Beispiel das Wissen stark kodifiziert, wenn es ein explizierter Bestandteil von z.B. Blaupausen oder Fachartikeln ist. Jedoch liegt dieses explizite Wissen nur in seltenen Fällen vor, vielmehr ist es oftmals so, dass das relevante Wissen in deutlich weniger kodifizierter Form vorliegt z.B. Erfahrungswissen. Das sog. Tacid Knowledge weißt oftmals einen hohen Grad an Persönlichkeit aus und ist daher schwer formalisier- und vermittelbar[19].

---

[18] Vgl. Richter, A./Koch, M./Kirsch, M. (2007), S. 15.
[19] Vgl. Lechner, U. (2007), S. 10f.

3.5 Sticky Information Theory

In neuen Märkten ist die Nachfrage zunehmend individualisiert. Um den Nachfragern gerecht zu werden müssen die Kunden selbst mit in den Wertschöpfungsprozess miteinbezogen werden. Das Problem ist jedoch die Bedürfnisinformation des Kunden herauszufinden. Diese Informationen sind meist klebrig- sticky, es ist nicht ohne weiteres möglich an diese Informationen zu gelangen. Dies liegt vor allem daran, dass das Wissen bzw. die Bedürfnisinformation im Bereich des Tacid Knowledge liegt und daher nur schwer kommunizierbar ist. Es sind daher Transaktionskosten aufzuwenden, um an diese Informationen zu gelangen. Jedoch nur in dem Maße in dem die Bedürfnisinformationen Mehrwert erzeugen als die Transaktionskosten im Vergleich kosten[20].

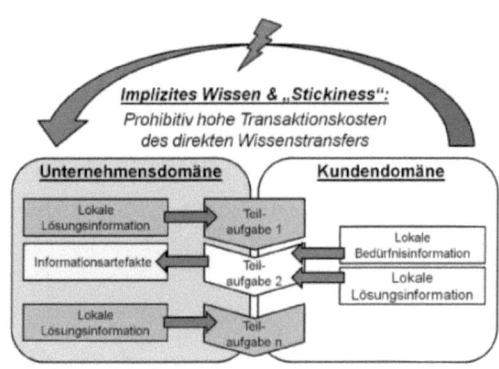

Vgl. Richter, A./Koch, M./Kirsch, M. (2007), S.14.

Abbildung 2: Sticky Information Theory

3.6 Mass Customization und Interaktive Wertschöpfung

Den Anfang nahm die Kundenindividuelle Massenproduktion in der Automobilindustrie Anfang der 90er Jahre des zwanzigsten Jahrhunderts. Dem Kunden wurden verschiedenste Kombinationsmöglichkeiten für sein Automobil angeboten, so dass er letztendlich genau das Produkt bekam, was er sich vorstellte. Hierzu waren jedoch

---

[20] Vgl. Richter, A./Koch, M./Kirsch, M. (2007), S. 13f.

8

einige Entwicklungen notwenig, um eine solche angepasste Produktion zu ermöglichen. Einerseits musste der Produktions- und Logistikprozess so erweitert werden, dass die Kosten der individualisierten Produkte in etwa im Rahmen der Kosten der Massenproduktion blieben und andererseits musste der Kunde erst noch in den Konfigurationsprozess miteinbezogen werden. Auf Grund der Einbindung des Kunden in den Wertschöpfungsprozess wird bei Mass Customization auch gerne von interaktiver Wertschöpfung oder auch Open Innovation gesprochen[21].

Open Innovation bezeichnet also einen offenen Innovationsprozess, bei dem der Kunde, im Gegensatz zu Closed Innovation, in den Prozess einbezogen wird. Was sind jedoch Gründe für Konsumenten und Kunden sich an einem Wertschöpfungsprozess zu beteiligen und so der jeweiligen Unternehmung Wert hinzufügen? Gründe für das sog. Free Revealing können sein: Extrinsische, intrinsische und soziale Motive, aber auch Produktnutzen, Netzeffekte und Reputation[22].

Nachdem wir uns in diesem Kapitel mit den Phänomenen rund um SC beschäftigt haben, sollen nun in den folgenden Kapiteln die verschiedenen Ausprägungen und Beispiele näher beleuchtet werden.

---

[21] Vgl. Piller, F. (2006), S. 5f.
[22] Vgl. Piller, F. (2006), S. 7f.

4. Ausprägungen des Social Commerce

Im folgenden Teil werden nun die verschiedenen Akteure sowie Ausprägungen des Social Commerce erläutert. Dazu wird jedes Ausgestaltungsmerkmal mit Beispielen unterlegt werden.

4.1 Beteiligte Akteure

Unter den beteiligten Akteuren wird zwischen Kunden und Unternehmen unterschieden. Im Bereich Kunden können im Wesentlichen vier Kundengruppen identifiziert werden:

- Kunden als Berater und Experten
- Kunden als Produktgestalter
- Kunden als aktive Verkäufer

Neben dieser Gruppe, die eher aktiv an der Gestaltung und Verkaufes beteiligt ist, gibt es auch eine Gruppe, die die „Produkte" konsumiert, die sog. Lurker. Sie bilden einen integralen Bestandteil des Social Commerce, da ohne sie die Arbeit der anderen Gruppe weniger attraktiv wirkt[23].

Auf Seite der Unternehmen gibt es verschiedene Möglichkeiten für die kommerzielle Nutzung des Social Commerce. Einerseits über die Verwendung von Blogs, in denen neue Produkte oder Produktinformationen verteilt werden, andererseits durch Mediation. Durch die sog. viralen Effekte werden Blog-Informationen relativ schnell und breit verteilt[24].

Ziel der Mediatoren ist Gruppen zusammenzuführen. Dies geschieht im Internet über zwei Wege: produktzentrierte und personenzentrierte Plattformen. Aufgabe der Plattformen ist es eine Art Social Navigation zu entwickeln. Produktzentrierte Plattformen bieten Dienste an, um sich über Produkte Informationen einzuholen und Hilfe bei einer Kaufentscheidung zu geben. Im Fokus von personenzentrierten

---

[23] Vgl. Richter, A./Koch, M./Kirsch, M. (2007), S. 17f.
[24] Vgl. Richter, A./Koch, M./Kirsch, M. (2007), S. 19.

Plattformen steht die Vermittlung von zwei Parteien. Diese dienen zum stöbern, informieren und inspirieren. Hier steht nicht das Produkt oder die Kaufentscheidung im Vordergrund[25].

Der Vollständigkeit halber sollen noch Communities und Netzwerke erwähnt werden, die im SC eine tragende Rolle spielen, sich jedoch auf Grund ihrer Eigenschaften schlecht in diese Klassifikation einbetten lassen. Im Wesentlichen unterscheidet man hierbei zwischen Community of Practice und Community of Interest. In Bezug auf Netzwerke sollen die sozialen Netzwerke wie etwa Xing, StudiVZ oder Facebook erwähnt sein[26].

4.2 Ausgestaltungsmerkmale

Die Ausgestaltungsmerkmale der SC Dienste lassen sich in zwei Hauptkategorien einteilen: Marktplätze, bei denen der (Ver)Kauf eines Produkte im Vordergrund steht und Informationsdienste, bei denen im Wesentlichen Informationen zu Produkten ausgetauscht werden. Diese beiden Kategorien lassen sich noch weiter unterteilen. Marktplätze in Vermittlungsorientierte und Shopzentrierte und die Informationsdienste in Empfehlungs-, Ratgeber- und Social Bargain Hunting Dienste. Nachfolgend werden die verschiedenen Kategorien vorgestellt und an hand von Beispielen verdeutlicht. Angemerkt werden sollte zudem noch, dass nicht immer überschneidungsfreie Unterscheidungen möglich sind[27].

Vermittlungszentrierte Marktplätze

Bei dieser Art des Marktplatzes steht die Vermittlung zweier Parteien, meist Käufer und Verkäufer, im Vordergrund. Dies wird erleichtert durch Kommentar- und Bewertungsfunktionen. Ebay war einer der ersten, die dieses System zur (Ver)Käuferbewertung eingeführt hat. Diese werden zu einer Historie gesammelt, so dass der jeweilige Nutzer sich eine gewisse Reputation aufbauen kann, die andere User wiederum wahrnehmen können[28]. Ebay diente als Vorreiter für viele andere Portale. Ein

---

[25] Vgl. Richter, A./Koch, M./Kirsch, M. (2007), S. 20.
[26] Vgl. Martin, J. (2008), S. 11f.
[27] Vgl. Richter, A./Koch, M./Kirsch, M. (2007), S. 21f.
[28] Vgl. ebay.de (2008).

relativ neues und vielversprechendes Portal stellt myhammer.de dar, die ähnlich nach dem ebay Prinzip Handwerkeraufträge vermitteln.[29]

Shopzentrierte Marktplätze

Für shopzentrierte Marktplätze gilt, dass der Kunde zum Designer und Verkäufer wird, indem der Plattformbetreiber dem Nutzer eine (kostenlose) Shopsoftware zur Verfügung stellt, so dass dieser sich einen eigenen online Shop aufbauen kann. So können im diesem Fall auch der Long Tail ausgenutzt werden, da viele Anbieter ihre eigenen oder selten angebotenen Produkte über die jeweiligen Shops vertreiben können. Dabei ist zu beachten, dass der Plattformbetreiber vielerlei essentieller Funktionen den Verkäufer abnimmt. Darunter fallen z.B. Lagerhaltung, Produktion, Versand und Zahlungsabwicklung. Ohne diese Übernahme der Prozesse wäre die Ausnutzung des Long Tails nicht möglich, da ein „Hobbyverkäufer" womöglich nicht in der Lage wäre diese Funktionen selbst zu übernehmen. Ein Beispiel für die Übernahme vieler Prozesse ist der T-Shirt Versanddienst a-better-tomorrow.com[30].

Jedoch müssen nicht immer alle Prozesse übernommen werden. Bei etsy.com können zum Beispiel selbst erstellte Künstlerprodukte oder handgemachte Kleidung verkauft werden und der Versand erfolgt ebenfalls in Eigenverantwortung[31].

Zlio.com bietet hingegen die Möglichkeit zu bestimmten Themen einen eigenen Shop zu eröffnen. Dieses Konzept ist losgelöst von bestimmten Produkten oder Produktgruppen[32].

Empfehlungsdienste

Wie bereits beschrieben hat sich die Anzahl der Produkte als auch die Anzahl der Shops durch einerseits Ausnutzung des Lond Tails und andererseits durch shopzentrierte Plattformen stark ausgeweitet. Empfehlungsdienste bieten in diesem Zusammenhang dem Nutzer Hilfestellung sich in dieser Masse an Produkten und Shops zurechtzufinden und so zur Social Navigation beizutragen.

---

[29] Vgl. my-hammer.de (2009).
[30] Vgl. Richter, A./Koch, M./Kirsch, M. (2007), S. 24.
[31] Vgl. etsy.com (2009).
[32] Vgl. zlio.com (2009).

Der Ratgeberdienst edelight.com gibt Hilfestellung bei der Auswahl des richtigen Geschenks. Hierzu erstellen Nutzer Listen mit ihren Lieblingsprodukten/Geschenken, die dann von anderen Nutzern eingesehen werden können. Diese werden zu dem nach Art des Anlasses oder zu beschenkende Person geordnet, so dass die Suche nach idealen Geschenken erleichtert wird. Findet ein Nutzer ein Produkt, so kann er dieses über einen Link bei den jeweiligen Online Shops erwerben[33].

Ein weiteres Beispiel für einen Empfehlungsdienst ist thisnext.com. Hier erstellen Nutzer Listen mit Produkten, die ihnen besonders gut gefallen haben. Eine Neuerung bei thisnext.com ist die sog. Tag Cloud, die Themen in der Vordergrund stellt, die bei einer Großzahl von Nutzern sehr beliebt sind[34].

Ratgeberdienste

Als Ergänzung zu den Empfehlungsdiensten dienen die Ratgeberdienste, die sich rund um die Produkte, welche empfohlen worden sind, beschäftigen. Dabei werden im SC oftmals Wikikonzepte eingesetzt, so dass relevante Produktinformationen von den Nutzern zusammengetragen werden können.

Auf der unabhängigen Website productwiki.com werden keine Produkte verkauft, sondern Produktinformationen wie, oben beschreiben, zusammengetragen. Die Plattform enthält jedoch weitere nützliche Funktionen wie das Anlegen von Produktlisten, die andere Nutzer einsehen können, vielfältige Suchfunktionen und Supportfunktionen, bei denen Fragen von Nutzern durch andere Nutzer wieder beantwortet werden[35].

Ein weiteres herausragendes Beispiel bei der Umsetzung der Ratgeberdienste im SC ist tripadvisor.com. Hier werden Hotels oder ganze Urlaubtrips von Nutzern bewertet und kommentiert, so dass andere User die Möglichkeit haben sich vor Reiseantritt über die jeweilige Gegend bzw. das Hotel zu informieren[36].

---

[33] Vgl. edelight.com (2009).
[34] Vgl. thisnext.com (2009).
[35] Vgl. productwiki.com (2009).
[36] Vgl. tripadvisor.com (2009).

Social Bargain Hunting Dienste

Hier wird das Konzept des Crowd Sourcings umgesetzt. Zu unterscheiden sind jedoch Dienste wie guenstiger.de bei denen die Inhalte redaktionell verwaltet werden und nur in geschlossenen Foren über die Produkte diskutiert wird und Dienste wie dealjaeger.de bei denen das Crowd Sourcing Konzept umgesetzt wird. Die Nutzer dieser Seite sind angehalten zur kollektiven Intelligenz beizutragen, indem sie Schnäppchen , die sie im Internet finden, auf der Seite verlinken. Somit hängt die Produktivität als auch Kreativität des Dienstes maßgeblich von dem Einsatz seiner Nutzer ab[37].

4.3 Social Shopping

Die Zusammenführung der beschriebenen Konzepte stellt das sog. Social Shopping dar. Durch die Ausbreitung der o.g. Dienste wandelt sich das „normale" suchen und vergleichen hin zum Social Shopping. Die untenstehende Grafik verdeutlicht den Sprung hin zum Social Commerce. Es wird nicht das, dem männlichen Geschlecht zugeschrieben, „serach, click and buy" Konzept umgesetzt, sondern eher das Stöbern und Inspirieren.

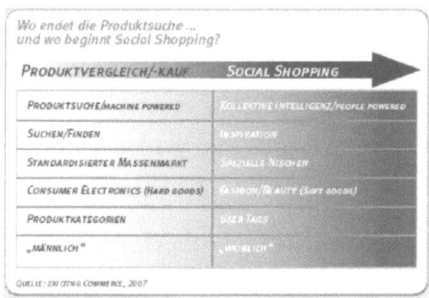

Vgl. Kirsch, J./Haderlein, A. (2007), S.17

Abbildung 3: Social Shopping

Social Shopping ist bisher noch sehr klein und wird von wenigen Menschen benutzt. Jedoch zeigt die Entwicklung der vergangenen Jahre, dass Social Shopping an Bedeutung deutlich zugelegt hat.

---

[37] Vgl. guenstiger.de (2009) und dealjaeger.de (2009).

„The Social Shopping category is still small, receiving less than 1 % of the total market share of US visits, but there has been signifi cant growth. Traffi c to the custom category of Social Shopping sites was up 447 % for the week ending Dec. 15, 2007 over the previous year. Among the social shopping sites, the leader is currently Kaboodle, with a 68 % market share of total US visits to the category and traffic has increased 210 % over the same week last year[38].“

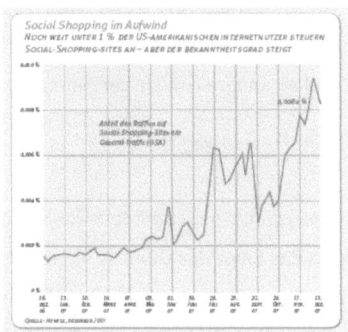

Vgl. Kirsch, J./Haderlein, A. (2007), S. 20.

Abbildung 4: Social Shopping im Aufwind

Im Zusammenhang mit Social Shopping spielen Soziale Netzwerke eine bedeutende Rolle. So werden bei myspace und facebook Nutzern die Möglichkeit gegeben sich einerseits über Produkte auszutauschen und andererseits aktiv Produkte über Verlinkungen zu erwerben. Dies hat Zukunftspotential, wenn man die Nutzerzahlen und deren Entwicklung betrachtet[39].

Eine neue Art des Verkaufens stellt den Vertrieb über virtuelle Welten dar. Im folgendem werden zwei verschiedene Welten vorgestellt. Yub.com ist eines der ersten virtuellen Kaufhäuser der Welt. Über drei virtuelle Stockwerke sind eine Vielzahl von bekannten Shops verteilt. Man kann sich als angemeldeter Nutzer, sog. „Yubber", durch das Kaufhaus navigieren und die jeweiligen Shops auswählen, zu denen man dann in 3D-Ansicht gelangt. Jeder „Yubber" erhält ein Nutzerprofil, kann Freunde hinzufügen, sich

---

[38] Vgl. Kirsch, J./Haderlein, A. (2007), S.19.
[39] Vgl. Cohn, A./Park, J. (2007), S. 1.

gegenseitig austauschen, auf gemeinsame Shoppingtouren gehen und sehen was seine Freunde gekauft bzw. empfohlen haben. Somit wird das Shopping zu einer Art sozialen Netzwerk, bei dem sich alles um das Einkaufen dreht. Weiterhin verfügt yub.com über ein ausgefeiltes Bonusprogramm, bei dem sich alle Shops des Kaufhauses beteiligen[40].

Second Life soll die zweite virtuelle Welt sein, die vorgestellt wird. In dieser Welt legt jeder Nutzer ein Avatar an, das seine Person widerspiegeln soll. Mit Hilfe der einheimischen Währung, den Linden Dollars, kann der Nutzer dann in bekannte Geschäfte gehen und z.B. Kleidung für sein Avatar kaufen. Auch kann man sich mit befreundeten Nutzern treffen und sich über die gekauften Produkte austauschen oder selbst Produkte entwerfen und an andere Nutzer verkaufen[41].

4.4 Social Commerce im Finanzbereich

Im Finanzbereich wird SC eine immer bedeutendere Rolle einnehmen. So ist in letzter Zeit das sog. Social Lending in das Licht der Öffentlichkeit gerückt. Beim Social Lending oder auch Peer-toPeer Lending genannt wird der Vermittler, sprich die Bank, ausgeschaltet und durch eine Plattform ersetzt. Privatpersonen leihen anderen Privatpersonen Geld.

Angefangen hat dieser Trend in den USA im Jahr 2006 mit dem Vermittlungsportal prosper.com. Dort sind seitdem mittlerweile 440.000 Mitglieder registriert und Kapital i.H.v. USD 92 Mio. verliehen worden. Ähnliche Modelle existieren seit der Etablierung von proper.com auch in Großbritannien (zopa.com) und Deutschland (smava.de). Smava.de soll als Beispiel dienen wie ein solches Portal funktioniert und wird im folgendem beschrieben[42].

Smava.de ist keine Bank, sondern Betreiber eines Marktplatzes und Vermittler. Die Plattformbetreiber arbeiten mit der Bank für Investments und Wertpapiere zusammen, die die Bankgeschäfte übernimmt. Hierdurch wird gewährleistet, dass die Daten der Nutzer dem Bankgeheimnis unterliegen und die eingezahlten „Einlagen" auch durch den Einlagensicherungsfonds abgesichert sind. Jeder Nutzer wird nach den regulatorischen Identifizierungsmethoden erfasst. Smava.de verdient an den Vermittlungsgebühren, die

---

[40] Vgl. yub.com (2009).
[41] Vgl. secondlife.com (2009).
[42] Vgl. GHS Report (2008), S. 1f.

bei einer erfolgreichen Transaktion i.H.v. 1% des Kreditbetrages fällig werden. Auch bietet smava.de einen weitgehenden Anlegerschutz. So werden die potentiellen Kreditnehmer in Bonitätsklassen von A-H eingeteilt, wobei A die beste ist, sprich die niedrigste Ausfallwahrscheinlichkeit hat. Zu den besonderen Sicherheitsvorkehrungen gehört der sog. Anlegerpool, bei dem Anleger verschiedener Projekte in einem Pool zusammengefasst werden. Fällt nun die Tilgungsrate eines Kreditnehmers aus, wird diese anteilig von den anderen Poolmitgliedern ausgeglichen, so dass eine Reduktion der Wahrscheinlichkeit eines Totalverlustes stattfindet.[43].

Beim Geld leihen werden Beträge zwischen EUR 500 und 25.000 vergeben, wohingegen bei der Geldanlage die Beträge meist größer, zwischen EUR 250 und 100.000, sind. Die Zinssätze bei der Geldaufnahme liegen ab ca. 4,25% Effektivzins und bis zu 14,35% erwartete Rendite[44].

Weitere Beispiele wie sich der SC in der Finanzbranche ausbreitet sind Finanzportale wie sharewise.com. Diese nutzen zum größten Teil die kollektive Intelligenz der User sowie das Crowd Sourcing Konzept. Auf diese Weise entstehen völlig neue Ansätze Finanzinformationen im Web 2.0 zusammenzutragen und zu verbreiten. Der Trend hin zur Nutzung von SC für Finanzportale begann zum größten Teil im Dezember 2007 mit Brokr und Myratings, gefolgt von Tradingbird und Trendlink[45].

Sharewiese.com entstand als eines der ersten Finanzportale dieser Kategorie schon im August 2007. Hier werden zu Vergleichszwecken die Einschätzungen der Nutzer, ob eine Aktie steigt oder fällt sowie das Kursziel gespeichert, um es später mit Analysteneinschätzungen verschiedener Banken zu vergleichen. Dabei wird das Kursziel mit einem sechsmonatigen Zeithorizont gemessen. Weiterhin können die Nutzer auch Gründe für die jeweilige Kursentwicklung angeben. Im Nachhinein wird überprüft, wessen Kauf- oder Verkaufsentscheidung richtig lag. Dabei weist sharewise.com Empfehlungen als richtig aus, wenn der Kurs in den angegebenen Zeithorizont um 5% gefallen oder gestiegen ist[46].

---

[43] Vgl. smava.de (2009a).
[44] Vgl. smava.de (2009b). Geld leihen und Geld anlegen
[45] Vgl. Börsen-Zeitung (Hrsg.) (2008), S. 2.
[46] Vgl. sharewise.com (2009).

Derzeit bietet sharewise.com 27.879 Empfehlungen zu 9.000 Unternehmen, die an der Frankfurter Börse gehandelt werden, an. Dabei werden diese Empfehlungen mit 7.150 Aktienempfehlungen von über 30 Banken und Analysten verglichen[47]

---

[47] Vgl. Börsen-Zeitung (Hrsg.) (2008), S. 2.

5. Fazit

SC besitzt, wie wir gesehen haben, ein deutliches Wachstumspotential. Dies ist vor allem den Theorien und Konzepten, die hinter SC stehen, zu verdanken. Dies umgesetzt eröffnet Unternehmen und Nutzern neue Wege um Produkte zu erfinden, vertreiben und zu konsumieren. Durch die Ausnutzung des kollektiven Wissens im Internet können Innovation und Forschritt schneller vorangetrieben werden, Informationen schneller und effizienter verbreitet und durch Social Navigation zudem noch besser genutzt bzw. verarbeitet werden.

Im Social Shopping nehmen die o.g. Konzepte eine wichtige Rolle für das Marketing ein. Wie gezeigt wurde, sind Verbraucherkommentare und Tipps essentielle Bestandteile bei einer Kaufentscheidung des Kunden. Plattformen wie yub.com machen sich diese „Mund zu Mund Propaganda" zunutze, indem sie in ihre virtuelle Mall ein soziales Netzwerk einbettet und miteinander verbindet.

Auch in einer Branche, die man zunächst nicht in dieser Kategorie vermutet, hat der SC Einzug gehalten- der Finanzbranche. Hier ist die Effizienz und Schnelligkeit der Informationsverarbeitung von entscheidender Bedeutung. Durch die Entwicklung von Portalen wie sharewise.com wird die Zusammentragung und Verbreitung der Informationen, nicht nur von Analysten, unterstützt. Auch im Kreditbereich werden neue Wege gegangen. Dafür maßgeblich verantwortlich sind Kreditvermittlungsplattformen wie smava.de, die das Peer-to-Peer Lending fördern.

Abschließend kann auf Grund der Wachstumspotentiale der Unternehmen, des Wachstums des Internetz sowie die steigende Zahlen der Nutzer gesagt werden, dass SC keine Modeerscheinung ist, sondern sich zu einem ganz klaren Trend herauskristallisiert hat bzw. noch deutlich an Bedeutung zunehmen wird.

Literaturverzeichnis:

Altmeyer, M. (2004): Collaborative Filtering, http://www.informatik.uni-freiburg.de/~ml/teaching/ws04/lm/20041130_Collaborativefiltering_Altme yer.pdf [Zugriff: 09.01.2009].

Anderson, C. (2007): The Long Tail- der lange Schwanz. Nischenprodukte statt Massenmarkt- Das Geschäft der Zukunft, München: Hanser Wirtschaft.

Börsen-Zeitung (Hrsg.) (2008): Finanzinformationen im Web 2.0, in: Börsen-Zeitung, 2008, Nr. 153, S.2.

Cohn, A./Park, J. (2007): Social Shopping, How Technology is reshaping the consumer experience in apparel retailing, http://mba.tuck.dartmouth.edu/digital/Research/ResearchProjects/Researc hSocialShopping.pdf [Zugriff: 08.01.2009].

Dieberger, A.; Dourish, P.; Hök, K.; Resnick, P.; Wexelblat, A. (2000): Social Navigation: techniques for building more usable systems. Intercations, Vol. 7, Nr. 6, S. 36-45.

ebay.de (2008): http://training.ebay.de/online-training/appc/index.php?action=step2&liveconnect=&cookieToken=4943d2 842a726&javascript=true&dbc=6ce35893e8767e1a28e67ca213e71d5a&flas hVersion=9 [Zugriff: 09.01.2009].

edelight.de (2009): http://www.edelight.de/entdecken [Zugriff: 08.01.2009].

etsy.com (2009): http://www.etsy.com/buy.php [Zugriff: 08.01.2009].

GHS Report (2008): Web 2.0, Fluch oder Segen für etablierte Kreditinstitute, http://www.ghs-software.de/download/FDL_Report_01_2008.pdf [Zugriff: 08.01.2009].

Groth, A. (2007): Der Kunde bleibt König, Einkaufen im Web 2.0, http://www.oscar.de/archiv/2007_02/magazin/Evolution_Web_04_02_Der_ Kunde_bleibt_Koenig_Einkaufen_im_Web_2.0_E-Commerce%202.0.pdf [Zugriff: 09.01.2009].

guenstiger.de (2009): http://www.guenstiger.de/gt/main.asp?rpvlokal=1 [Zugriff: 08.01.2009].

Himpels, K. (2008): Generation Prosumer, Kollaboratives Arbeiten im Web 2.0, http://www.conect.at/uploads/tx_posseminar/Himpsl_Generation_Prosume r.pdf [Zugriff: 30.12.2008].

Howe, J. (2006): The Rise of Crowdsourcing, http://www.wired.com/wired/archive/14.06/crowds.html [Zugriff: 12.12.2008].

Kirsch, J./Haderlein, A. (2007): Social Comemrce, Verkaufen im Community Zeitalter, http://www.openpr.de/pdf/187782/Verkaufen-im-Community-Zeitalter-Trenddossier-aus-dem-Zukunftsinstitut-geht-Social-Commerce-auf-den-Grund.pdf [Zugriff: 12.12.2008].

Lechner, U. (2007): Arbeitsteilung und Organisation in der interaktiven Wertschöpfung, http://wi.informatik.unibw-muenchen.de/C15/lectures-digitaleMed(HT2007)/Document%20Library/Digitale%20Medien_Teil%20 4_071018_V1_ule.pdf [Zugriff: 08.01.2009].

Martin, J. (2008): Wissenscontainer, Online-Communities und kollektive Lernprozesse, http://www.ldl.de/material/aufsatz/aufsatz2002.pdf [Zugriff: 08.01.2009].

Martin, N./Lessmann, S./Voß,S. (2007): Crowd Sourcing: Systematisierung praktischer Ausprägungen und verwandter Konzepte, ibis.in.tum.de/mkwi08/18_Kooperationssysteme/05_Martin.pdf [Zugriff: 12.12.2008].

my-hammer.de (2009): http://www.my-hammer.de/howItWorks/howItWorks_ag2.php [Zugriff: 08.01.2009].

Nitsche, M. (2007): Social Commerce, www.martin.nitsche.info/wp-content/uploads/2008/09/socialcommerce.pdf [Zugriff: 09.01.2008].

Piller, F. (2006): User Innovation: Der Kunde als Initiator und Beteiligter im Innovationsprozess, http://www.mass-customization.de/download/pil2005-1.pdf [Zugriff: 08.01.2009].

productwiki.com (2009): http://www.productwiki.com/products/ [Zugriff: 08.01.2009].

PWC   (Hrsg.)   (2007):   Social   Commerce,   Viel   ungenutzes   Potential,
        http://www.pwc.de/portal/pub/!ut/p/kcxml/04_Sj9SPykssy0xPLMnMz0vM
        0Y_QjzKLd4p3tnQFSYGYLm4W-pEQhgtEzCDeESESpO-t7-
        uRn5uqH6BfkBsaUe7oqAgA5vPgaA!!?siteArea=49cbd5c0e668d282&content
        =e518b6027db2bbc&topNavNode=49c411a4006ba50c   [Zugriff:
        09.01.2009].

Resnick, P./Iacovou, N./Suchak, M./ Bergstrom, P./Riedl, J. (1994): Group Lens: An Open
        Architecture for Collaborative Filtering of Netnews. In: Proc. CSCW 1994.
        Chapel Hill, NC, USA. ACM Press, S. 175–186.

Richter,   A.   /Koch,   M.   (2007):   Social   Software,   Status   quo   und   Zukunft,
        www.kooperationssysteme.de/wordpress/uploads/RichterKoch2007.pdf
        [zugriff: 08.01.2009].

Richter, A./Koch, M./Kirsch, M. (2007): Social Commerce, Eine Analyse des Wandels im
        E-Commerce,   www.kooperationssysteme.de/wordpress/wp-
        content/uploads/RichterKochKrisch2007.pdf [zugriff: 09.01.2009].

secondlife.com (2009): http://secondlife.com/whatis/ [Zugriff: 08.01.2009].

sharewise.com (2009): http://www.sharewise.com/aktien?q=Deutsche+bank [Zugriff:
        08.01.2009].

smava.de   (2009a):   http://www.smava.de/Startseite+431+So-funktioniert-
        smava.html;jsessionid=3B431DDC3873BA964EB19478AF156477.smava1
        [Zugriff: 08.01.2009].

smava.de   (2009b):   http://www.smava.de/Geld-leihen+533+Kreditnehmerregistrierung+Kreditprojekt-entwerfen.html [Zugriff: 08.01.2009].

thisnext.com (2009): http://www.thisnext.com/help/faq/ [Zugriff: 08.01.2009].

tripadvisor.com   (2009):   http://www.tripadvisor.com/UserReview-ehttp%3A_2F___2F_www_2E_tripadvisor_2E_de_2F_   [Zugriff: 08.01.2009].

yub.com (2009): http://www.yub.com/about/ [Zugriff: 08.01.2009].

zlio.com (2009): http://www.zlio.de/static/about [Zugriff: 08.09.2009].